AF278528

RAPPORT

A LA

SOCIÉTÉ POSITIVISTE,

PAR LA COMMISSION

CHARGÉE D'EXAMINER LA QUESTION DU TRAVAIL.

ORDRE ET PROGRÈS.

BIBLIOTHÈQUE NATIONALE
R.F.
IMPRIMÉS.

PARIS

A LA LIBRAIRIE SICIENTIFIQUE-INDUSTRIELLE DE MATHIAS,
15, QUAI MALAQUAIS.

JUIN 1848

RÉPUBLIQUE OCCIDENTALE.

ORDRE ET PROGRÈS.

RAPPORT

A LA

SOCIÉTÉ POSITIVISTE,

PAR LA COMMISSION

CHARGÉE D'EXAMINER LA QUESTION DU TRAVAIL.

PRÉAMBULE.

Aux yeux de la Société Positiviste, l'organisation normale de l'industrie moderne exige d'abord la reconstruction des opinions et des mœurs, d'après la libre adoption d'une doctrine universelle, propre à régénérer l'éducation générale, et à faire surgir, dans tout l'Occident, une nouvelle autorité spirituelle, arbitre naturel des conflits industriels. Les graves perturbations pratiques récemment suscitées, en France, par une tendance métaphysique à prescrire légalement ce qui doit être surtout réglé moralement, nous ont spécialement confirmés dans cette conviction fondamentale. Mais elles ont aussi attiré notre sollicitude sur les mesures immédiates qui, sans toucher au fond de la question, concourraient à faire attendre, et même à préparer, cette unique solution radicale, dont l'application ne saurait être décisive avant une génération.

Pour mieux assurer le caractère pratique d'un tel examen préliminaire, j'ai choisi, parmi nos confrères, une commission exclusivement composée d'ouvriers. Nommée dès la fin de mars, elle a d'abord exposé verbalement la substance de son travail, dans notre séance du 19 avril. Afin de motiver davantage ses mesures, elle a lu, le 24 mai, le mémorable Rapport suivant, où le vrai mécanisme industriel se trouve mieux apprécié en quelques pages que dans tous les volumes consacrés à la prétendue science des économistes.

En votant l'impression de ce rapport, après une mûre discussion, la Société Positiviste déclare au public qu'elle adopte pleinement les importantes mesures qui y sont proposées, et surtout les lumineux principes qui les motivent.

Auguste COMTE,

Auteur du *Système de Philosophie positive*,
Fondateur et Président de la Société Positiviste.
(10, *rue Monsieur-le-Prince*.)

Paris, le lundi 5 juin 1848.

RAPPORT.

Si nous avons bien compris notre mandat, nous pensons qu'il se réduit à répondre à cette double question , savoir s'il y a et quelles sont les mesures législatives à prendre afin de donner aux travailleurs le plus de facilité possible pour attendre que la réforme des idées et des mœurs permette celle des institutions.

Il y a, en effet, quelques mesures à prendre; nous allons essayer d'en indiquer d'après les faits de la situation.

Quand on observe avec soin la vie industrielle, on ne tarde pas à s'apercevoir que la plupart des maux qui la troublent sont dus à l'imprévoyance dans la direction du travail et de la richesse publique. Cette cause n'est pas la seule; mais, parmi celles qui laissent prise à l'intervention du législateur, elle nous a paru mériter une attention toute particulière : d'abord à cause des perturbations qu'elle apporte dans le travail; et surtout parce qu'elle réagit sur les esprits d'une manière fâcheuse en donnant naissance à des préjugés qui tendent à perpétuer le mal en empêchant d'en distinguer les vraies causes.

Ainsi, quoiqu'il soit évident que le travail ne peut jamais manquer, puisqu'il y a toujours des besoins à satisfaire et de la matière à se procurer ou à mettre en œuvre pour cette satisfaction, on entend néanmoins dire que le travail manque, et cela dans les moments où l'on est le plus pressé par les besoins à satisfaire et qui ne peuvent l'être que par les produits du travail. On confond ainsi les chômages accidentels, résultant d'une imprévoyante et maladroite direction du travail, avec l'idée d'un manque de travail absolu, d'où l'on conclut qu'il y a trop de monde. D'autres fois, on dit qu'il y a trop de produits et pas assez de consommateurs. On en devrait conclure qu'il n'y a pas assez de monde; mais, la contradiction étant trop saillante, on s'en tire en disant que ceux qui ont des moyens devraient consommer davantage et donner par là un essor au travail en se gardant de produire par eux-mêmes. On oublie ainsi que l'acte qu'on appelle travail ne peut être payé par cet autre acte qu'on appelle consommation, et qu'il n'y a que le travail utile qui puisse payer une fonction quelconque, utile ou non.

Quand on entend dire de telles choses, on est tenté de croire que l'on a oublié ce que c'est que le travail. Le travail est la mise en jeu de toutes les richesses et de toutes les forces naturelles ou artificielles que possède l'humanité dans le but de satisfaire tous ses besoins. Que faut-il donc pour qu'il y ait des travaux ? Nous l'avons déjà dit : il faut, d'abord, des besoins à satisfaire; ils ne sont pas près de manquer ; et, pour notre compte, nous ne pensons pas qu'il y ait disette de consommateurs, quoi qu'en disent les économistes. La consommation est un fait qui ne dépend de personne, tous les producteurs sont consommateurs, cela serait suffisant pour motiver le travail. Puis, il faut des matières : elles ne manquent pas, puisque les producteurs se plaignent du trop-plein ; et quand elles manqueraient (ce qui ne peut arriver que dans quelques cas particuliers et faute de prévoyance), le travail ne manquerait pas, au contraire, ces matières ne pouvant résulter que du travail : il y a la terre, les bras, et l'intelligence, qui n'attendent que la mise en œuvre.

Mais, dira-t-on, les besoins et la matière ne suffisent pas : il faut encore des avances pour entreprendre les travaux. Cela est vrai ; mais les avances existent, puisque l'on continue de vivre : seulement on les emploie sans reproduire lorsque le travail s'arrête, au lieu de leur faire reproduire par le travail de nouvelles richesses pour l'avenir. La mise en train d'un travail quelconque ne coûte jamais aussi cher que la formation d'un bureau de mendicité, d'un hospice, d'une prison, et de tous les accessoires obligés qui ne rapportent rien, tandis que le travail eût augmenté la richesse. Ce sont pourtant les seuls remèdes que l'on ait opposés aux maux résultés la plupart de l'imprévoyance fortifiée par les préjugés.

L'imprévoyance nuit autant à la conservation de la richesse qu'à sa production, surtout l'imprévoyance sociale. Nous en citerons un exemple dans les années de grande abondance, quand les vignerons sont obligés de perdre une partie de leurs produits, ou de se voir ruinés par un surcroît de frais. Quel que soit le parti qu'ils prennent, la société ne peut que perdre, d'un côté le produit, de l'autre l'activité du producteur, qui se trouve paralysé si on ne lui vient pas en aide.

A ceux qui disent qu'il ne suffit pas de produire, qu'il faut encore trouver des acheteurs, nous répondrons que si un objet ne se vend pas, c'est qu'il n'a pas de valeur; alors il n'eût pas fallu le produire. On ne doit gaspiller ni la richesse publique, ni la peine des travailleurs qui en est la portion la plus précieuse. Ou bien cela tient encore à ce que ceux à qui on offre ces produits sont trop pauvres pour les acheter. S'ils sont pauvres, c'est parce qu'on les a laissés sans travail, ou que leur travail ne leur a pas été payé sa valeur. On dira que l'on ne peut tout prévoir : c'est vrai; aussi quoique nous engagions les industriels, autrement dire les intéressés de la richesse publique, à être le plus prévoyants possible, n'est-ce point à eux que nous demanderons d'y apporter un remède. On dira que, s'il y a des pauvres, ils le doivent à la paresse. Nous répondrons que la paresse doit être l'exception et l'activité la règle!...

S'il en était autrement, nous serions conduits à demander si la vie est une fiction. En effet, comme on ne peut vivre que par l'activité, si la paresse était la règle, la vie serait très-problématique. Mais, comme il n'en est rien, nous concluons que l'activité est la règle et la paresse l'exception. D'ailleurs, en la rangeant par la pensée parmi les besoins à satisfaire (et on en satisfait qui ne valent pas mieux), on verra que c'est un motif de plus pour donner de l'ouvrage aux travailleurs de bonne volonté.

Il est bon de remarquer aussi que la paresse n'est pas quelque chose de particulier aux travailleurs.

Quoi que l'on fasse, il est impossible d'échapper à l'accusation d'imprévoyance aussi bien sociale qu'individuelle; on pourrait faire des volumes sur les maux qu'elle a causés, aidée qu'elle est par les préjugés auxquels elle a donné naissance. Mais cela est inutile, un appel au bon sens sera plus efficace. Nous citerons à ce sujet la réponse d'un ouvrier à des commissaires chargés de faire une enquête sur la situation des travailleurs. On lui disait que les services qu'il pouvait rendre étaient une marchandise comme une autre, et qu'il était libre de la vendre de gré à gré.

« Elle a cependant quelque chose de particulier, dit l'ouvrier; car si une marchandise ordinaire ne se vend pas un jour, elle se vend l'autre, tandis que si je ne vends pas mon activité, elle est perdue pour tout le monde et pour moi; et comme la société ne vit que des résultats du travail, elle se trouve appauvrie de toute la valeur que j'aurais pu produire. » Cette réponse vaut toutes les statistiques, et elle suffirait pour détruire tous les préjugés si on voulait bien en suivre toutes les conséquences.

Enfin, on objectera que s'il est facile de critiquer la vie industrielle, il ne l'est pas tant de la régler, et que les industriels ne paraissent pas en état de le faire, bien qu'ils en aient la volonté. Cela est vrai; mais bien qu'ils puissent aider pour leur part, nous croyons que ce n'est pas trop de toute la force de l'État et de la sagacité de la société tout entière, quoiqu'il ne s'agisse pas d'une organisation radicale et définitive, mais seulement de quelques mesures de première nécessité, comme nous l'avons dit en commençant.

Nous devons, avant de nous en occuper, jeter un coup d'œil sur ce qui a été tenté dans ce sens. Deux choses ont été plus particulièrement recommandées : l'une consiste dans la création des travaux artificiels.

Ce moyen, qui ne se justifie que dans les crises révolutionnaires, est toujours ruineux et dégradant; tant que les esprits sont dans cette direction, on se prend à dire toutes sortes d'extravagances : ainsi, on a répété à satiété qu'une cour sans luxe était la ruine d'une nation. Nous voyons désirer quelques calamités parce qu'elles donnent de l'ouvrage. On a dit aussi très-souvent : faire et défaire est toujours travailler. D'autres fois des industriels répondent aux objections, quelquefois très-justes, sur l'exécution des travaux inutiles : Faites toujours, c'est moi qui paye.

Enfin, on est allé jusqu'à dire dans des écrits : qu'il était bien heureux que beaucoup de gens ne fissent rien pour laisser du travail aux autres, et qu'ils consommassent beaucoup pour accroître la somme du travail. On comprend, de reste, la valeur de telles maximes.

L'autre moyen consiste à prêcher l'économie. Cette vertu, si utile quand on l'oppose à la dissipation et qu'on la fait servir à la conservation des richesses, subit déjà nne certaine dégradation quand on la fait servir à amasser au lieu de prendre la peine de produire; elle cesse d'être une vertu lorsqu'elle cesse d'être sociale; elle devient un vice dès qu'elle commence à entraver les développements utiles; elle est un grand mal dès qu'elle pèse sur les besoins de la vie; elle devient un crime lorsque l'intelligence et la moralité ont à en souffrir, comme lorsqu'elle va jusqu'à priver la famille des soins de la femme : et, comme si les enfants des travailleurs n'étaient pas une production utile, on a cru, par une irréflexion impardonnable, devoir l'étendre jusqu'à prêcher l'économie des générations.

Toutes ces mesures furent plus désastreuses qu'utiles, et n'ont fait qu'aggraver le mal.

En résumé, nous croyons qu'une grande partie des maux vient de l'imprévoyance ; que les industriels ne peuvent que faiblement les combattre ; que l'État peut et doit intervenir, à la condition que son intervention soit prudente et éclairée.

En conséquence, voici ce que nous proposerions :

Que l'État eût toujours à sa disposition les fonds nécessaires pour donner de l'ouvrage aux travailleurs que l'industrie privée viendrait à laisser sans travail. Ces travaux devront toujours être, autant que possible, d'utilité publique, et surtout ne jamais être les mêmes que ceux auxquels les travailleurs auraient été obligés de renoncer à cause des encombrements. Le plus souvent les travaux seraient exécutés par des entrepreneurs ou par des compagnies, d'autres fois au compte de l'État. Les fonds seraient fournis par le trésor public, et les renseignements émaneraient d'assemblées populaires locales provoquées par le pouvoir, dans lesquelles les citoyens seraient appelés à discuter sur tous les travaux à exécuter, sur ceux en voie d'exécution et ceux déjà terminés. Ces réunions devront avoir lieu dans des locaux fournis, autant que possible, par les communes.

Les séances seront publiques : on devra y inviter avec soin les ouvriers voyageurs, qui sont très-propres à donner de bons renseignements quand on sait les leur demander. Ils acquerront par là de nouvelles connaissances qu'ils pourront utiliser ailleurs. Ces assemblées apprécieront la nature des travaux, leur importance, leur opportunité, leur direction, leurs inconvénients, leurs dangers, leurs résultats probables, enfin tout ce qui peut avoir quelque intérêt. Elles n'ordonneront pas les travaux; elles devront les surveiller à titre de conseil. Une telle marche aurait pour résultat de mettre le sentiment social directement à l'ordre du jour par le caractère d'utilité publique des discussions, et de faire surgir une surveillance spontanée, gratuite, permanente, désintéressée sans être indifférente, ayant enfin tous les caractères d'une vraie surveillance.

Notre proposition est sans doute loin de satisfaire toutes les exigences; mais nous n'hésitons pas à la faire, parce que, outre l'utilité directe qu'elle peut avoir pour l'emploi constant et régulier de toutes les forces de la société, elle peut rendre de grands services, en ce sens qu'elle tend à débarrasser les esprits d'une foule d'idées fausses qui s'opposent à toute tentative de réorganisation.

Toutes les questions seraient simplifiées dès qu'on s'apercevrait que le travail abonde; on oserait les regarder en face; le libre échange ne ferait plus peur; les inventions seraient demandées comme des bienfaits; on ne craindrait plus la présence des travailleurs étrangers, et la France continuerait à leur servir d'école: on ne prêcherait plus les immorales théories de Malthus; car, où le travail est intelligent, le pain ne manque pas; la guerre ne serait plus l'antidote des crises industrielles; la honteuse dispute entre les colonies et la métropole aurait quelque chance de se terminer, et notre marine aurait des chargements; on verrait diminuer les migrations des campagnes vers les villes, seul moyen de régler la production des objets de luxe;

on n'aurait pas besoin de tant économiser, du moment où l'on serait hardi à produire ; l'heureuse inclination des jeunes travailleurs à voyager pour s'instruire serait beaucoup mieux satisfaite dans toutes les professions.

Sans cette peur ridicule, on n'aurait jamais songé aux invalides civils comme mesure générale, ni aux crèches, ni aux salles d'asile, car ce sont des moyens de faire des économies sur le bonheur pour amasser des peines.

Nous ne nous dissimulons pas les difficultés de tous genres que rencontrera notre projet ; nous savons que ses résultats matériels immédiats seront loin de ce que nous aurions désiré : mais les résultats moraux seront d'une grande importance et ne tarderont pas à réagir sur les autres.

Il est bon de remarquer que cette proposition, loin de nuire à celles qui seront faites sur ce sujet, ne fera que les aider.

Quoique ces mesures nous aient été naturellement inspirées par la situation française, elles ne se bornent point à la France, qui en comporte seulement l'application la plus complète et la plus urgente. Elles conviennent également aux cinq populations occidentales, comme les besoins d'où elles émanent, et comme la réorganisation des opinions et des mœurs qui constitue la solution finale qu'elles annoncent et préparent.

Si les gouvernements n'en comprenaient pas assez l'importance pour les appliquer bientôt, ce qui pourrait arriver même en France, rien n'empêcherait les populations d'ébaucher spontanément la portion de ce plan qui les concerne directement. Partout où il existe une libre réunion populaire, elle peut aisément diriger ses discussions habituelles vers les fonctions d'indication, de surveillance, et d'appréciation, que nous assignons ainsi au peuple quant aux travaux publics qui conviennent à chaque localité. Cette nouvelle manière d'utiliser et de développer les clubs constituerait indirectement l'une des plus heureuses conséquences d'un tel plan.

Considérant que le droit au travail est non-seulement le droit de vivre, mais encore le droit de concourir à l'augmentation du bien-être de tous, l'État ne devra jamais laisser sans ouvrage aucun travailleur de bonne volonté; dans ce but, il devra toujours avoir à sa disposition les fonds et les renseignements nécessaires pour pouvoir donner du travail, sans faire concurrence à l'industrie, à tous ceux qu'elle cesserait d'occuper. Les travaux devront être d'utilité publique.

Le plus souvent ils seront exécutés par des entrepreneurs ou des compagnies, toujours sous la surveillance immédiate des ingénieurs de l'État.

Mais, considérant que l'État ni ses ingénieurs ne peuvent avoir une connaissance suffisante des travaux à faire que par l'intervention de tous les citoyens, l'État devra provoquer dans toutes les communes des assemblées populaires où les citoyens seront invités à discuter sur les travaux à faire pour les indiquer, sur ceux en voie d'exécution pour les surveiller, sur ceux déjà terminés pour les juger, sans pouvoir directement les commander ni les empêcher.

S'il est vrai que l'État ne peut décréter un changement d'opinion, il peut presque toujours le provoquer : et, comme, dans ce cas, c'est surtout ce qui est à désirer, l'État devra recommander à toutes les autorités de motiver les invitations qu'elles feront aux citoyens, de manière à les avertir qu'il ne s'agit pas de créer des travaux, mais bien d'indiquer les plus opportuns, la difficulté consistant en ce qu'on ne sait par lesquels commencer.

Paris, le mercredi 24 mai 1848.

Les Commissaires :

MAGNIN, ouvrier-menuisier, *rapporteur.*
JACQUEMIN, ouvrier-mécanicien.
BELPAUME, ouvrier-bottier.

Paris. — Imprimé par E. THUNOT et Cᵉ, successeurs de FAIN et THUNOT, rue Racine, 28.

BIBLIOTHÈQUE NATIONALE
R.F.
IMPRIMÉS.